Inhalt

Business Intelligence - Eine einheitliche Datenbasis und Analyseplattform wird für das Controlling unverzichtbar

Kernthesen

Beitrag

Fallbeispiele

Weiterführende Literatur

Impressum

Business Intelligence - Eine einheitliche Datenbasis und Analyseplattform wird für das Controlling unverzichtbar

M. Westphal

Kernthesen

- Das Controlling wird von einer umfangreichen IT-Landschaft unterstützt. Nur leider führt das auch dazu, dass das Controlling auf einen heterogenen Datenbestand zugreifen muss.
- Heterogene Datenbestände ermöglichen

nur unter großem Aufwand die Erstellung eines aussagekräftigen Berichtswesens.
- Viele Unternehmen bedienen sich bereits professioneller Business Intelligence-Lösungen, die mittels einfacher Bedienung sehr flexible Reportings in jeder Detailtiefe ermöglichen.
- Der wesentliche Aufwand bei der Einführung einer Business Intelligence-Lösung besteht in der Migration und Bereinigung des kompletten Altdatenbestandes.

Beitrag

Probleme im Controlling sind häufig hausgemacht. So führt ein schlecht organisiertes Berichtswesen zu Kennzahlenproblemen. Denn, wenn man erst im März von der Buchhaltung erfährt, dass der Januar schlecht lief, kann es häufig schon zu spät sein.

Nicht kompatible Datenbestände ermöglichen kaum sinnvolle Auswertungen

Unternehmen bedienen sich einer wachsenden Zahl

von IT-Systemen. Leider führt das nicht immer zu verbesserten Analysen und effizienteren Prozessen sondern häufig zu einem Datenwildwuchs. Das führt dann dazu, dass Arbeitszeit verschwendet wird, weil lange Zeit nach entsprechenden Informationen in den unterschiedlichen Systemen gesucht wird. Oder es werden Daten doppelt angelegt und dann muss die IT zeitaufwändig von falschen oder doppelten Daten bereinigt werden. Gerade Anwender von ERP-Systemen bemängeln die unzulängliche Bedienerfreundlichkeit aufgrund der Unterscheidung von Groß- und Kleinschreibung oder nicht vorhandenen Schnittstellen in funktionsverwandte Systeme. (6)

Möglich sind solche Lösungen nur dann, wenn im Unternehmen ein einheitlicher Datenbestand über alle betrieblichen Funktionen hinweg vorliegt. Nur so können auch alle von der Controlling-Abteilung erbrachten Fragestellungen in einem System analysiert werden. (1)

Nur ein gut strukturiertes Datenmanagement ermöglicht, flexible Verknüpfungen zwischen den hinterlegten Dateninhalten zu erstellen. Business Intelligence-Lösungen bieten beliebig sortierbare Filter in einfach zu bedienenden Masken. Damit bilden sie für die Controlling-Abteilung die Voraussetzung, ihrer Aufgabe der Steuerung eines Unternehmens erfolgreich nachzukommen. (1)

Idealerweise haben moderne Business Intelligence-

Softwarelösungen, die die Unternehmenssteuerung unterstützen
- voreingestellte Standardreports, die auch einfach grafisch aufbereitet werden können,
- variable Auswertungsmöglichkeiten,
- die Möglichkeit der einfachen und nutzerfreundlichen Gestaltung der Auswertungen und
- die Möglichkeit manueller Abfragen in der Datenbank.
(1)
Die Zusammenführung des gesamten heterogenen Datenbestandes in einem einheitlich definierten, homogenen Data Warehouse ermöglicht dann nahezu beliebige Analysen. Sämtliche Parameter können zueinander in Beziehung gesetzt oder gruppiert und verglichen werden. (1)
Bei der Einführung einer Business Intelligence-Lösung wird häufig vor allem auf den Funktionsumfang der Systeme wie auf deren Kosten geschaut. Vergessen wird dabei, dass die Migration der gesamten Datenbestände aus den unterschiedlichen Systemen in der Regel den Hauptaufwand darstellt. Um einen auch später wieder möglichen Datenfriedhof im Vorhinein zu vermeiden, ist es sinnvoll, eine systemunabhängige Datenbank zu implementieren. Dafür sollte bereits vor dem Systemwechsel eine Bereinigung der Stammdaten und die Definition eines einheitlichen

Regelwerks in Form einer Standardisierung von Produkt- und Prozessstrukturen sowie eine unternehmensübergreifend einheitliche Definition für die Namensgebung bei Datenerstellung gewährleistet sein. (6)

Aber die Sicherung eines einheitlichen Datenbestandes ohne Dopplungen bedingt auch, dass ein ausgefeiltes Rollen- und Berechtigungskonzept aufgestellt wird, welches den Zugriff auf die Datenquellen nicht nur in Bezug auf Änderbarkeit, sondern auch in Bezug auf mögliche Detailsichten festlegt. (7)

Business Intelligence-Lösungen unterstützen das Controlling bei seiner Arbeit durch ein flexibel auswertbares Kennzahlensystem

Ein aussagefähiges Controlling benötigt die Definition geeigneter unternehmens- und branchenspezifischer Kennzahlen. Hierbei sind die Finanzkennzahlen recht unspezifisch. Leistungs-, Qualitäts- und Strukturkennzahlen müssen aber sehr individuell definiert werden. Wichtig ist es aber auch, dass Kennzahlen nicht nur zusammenhanglos nebeneinander existieren und es gar Dopplungen gibt.

Vielmehr muss es ein einheitliches Kennzahlensystem geben, welches auch Zusammenhänge abbildet und damit dann als Entscheidungsgrundlage für das Management dienen kann. (3)
So sind mithilfe einer sauber installierten Business Intelligence-Lösung Strukturanalysen in niedrigsten Detailebenen möglich. Und es kann auch strukturell sehr differenziert erklärt werden, ob es sich bei auftretenden Abweichungen um Preis- oder Mengeneffekte handelt, oder ob es sich um ein externes, strukturelles Problem handelt. (1)

Auch im Mittelstand wird das Controlling zunehmend mit Business Intelligence-Lösungen unterstützt

Mittelständische Unternehmen beginnen sich mit dem Thema Business Intelligence zu beschäftigen. Auch sie erkennen die Vorteile, die sich daraus ergeben, dass betriebliche Kennzahlen aus unterschiedlichsten Sichtweisen untersucht werden können. Heute herrscht in vielen mittelständischen Unternehmen noch eine Vielzahl an Datenbeständen in den unterschiedlichen Datenverarbeitungsanwendungen der verschiedenen

Fachabteilungen vor. Die einzelnen Daten sind nicht kompatibel miteinander, weshalb auch keine übergreifenden Analysen möglich sind. (1)

Auch das Fachgebiet Risiko-Controlling kann durch Business Intelligence zielführend unterstützt werden

Auch ein Risiko-Controlling benötigt eine zusammenhängende Datenbasis sowie Tools, die schnelle Analysen nach verschiedensten Gesichtspunkten ermöglicht. So kann z. B. ein Risikomanagement im Bereich der Supply Chain, welches sich über mehrere Unternehmen oder gar Länder erstreckt, sehr komplex werden. Gerade die unternehmensübergreifende Identifikation von Risiken hängt auch von der Bereitschaft wie auch Fähigkeit der einzelnen Partner ab, Risiken wahrzunehmen und auch zu tragen. Aber die unternehmensübergreifende Steuerung eines solchen Controllings bedarf auch einer gewissen Datendurchgängigkeit über die gesamte Prozesskette hinweg und damit eben auch einer Harmonisierung der verschiedenen Daten um entsprechende Analysen überhaupt zu ermöglichen. (4)

Auch öffentliche Unternehmen setzen sich zunehmend mit Business Intelligence auseinander

Auch in öffentlichen Unternehmen müssen portalbasierte Kennzahlensysteme eingesetzt werden, um das Unternehmen sinnvoll zu steuern. Allerdings sind derartige Systeme in diesen Unternehmen bisher noch wenig verbreitet. Aufgrund der schlechten Planbarkeit und der hohen Schwankung der Einnahmen sollte gerade in diesen Unternehmen erwartet werden, dass ein sehr guter Überblick über die Finanzlage besteht. Daher setzt sich zunehmend die Einsicht durch, dass die wachsende Komplexität der Umgebung die zeitnahe Bereitstellung valider Daten auch für die erfolgreiche Steuerung eines öffentlichen Unternehmens notwendig ist.
So gibt es inzwischen auch Behörden, die sich professioneller Data Warehouse-Lösungen bedienen und somit tägliche Lageübersichten erstellen können und auch entsprechende Analysen bei Abweichungen von erwarteten Daten erstellen können. (7)

Fallbeispiele

Kreditinstitute haben Business Intelligence-Lösungen häufig bereits installiert. Damit haben sie zum einen auf den wachsenden Wettbewerbsdruck der Branche und auch den rechtlichen Anforderungen aus Basel II und dem Sarbanes Oxley Act reagiert.
Sie beginnen jetzt damit, die Möglichkeiten dieser Systeme weiter auszunutzen, in dem sie weitere Anwendungsfelder kreieren. Dabei liegt der Fokus derzeit auf der Steuerung des Kundenbeziehungsprozesses in Bezug auf die Personalplanung.
Die IT-Strategie von Banken wird beherrscht von Rentabilitätsanalysen bei der Vergabe von Kundenkrediten und der internen Personalsteuerung. Dabei hilft ihnen das im Rahmen der Einführung der Business Intelligence-Lösung bereits realisierte einheitliche Datenmanagement. Dieses verhindert, dass wichtige Informationen, die über verschiedene Abteilungen verstreut sein können, für Analysen nicht zur Verfügung stehen.
So hat die Commerzbank in Frankfurt durch die Einführung der Business Intelligence für das Vertriebscontrolling Statusabfragen und Forecast über geplante Aktivitäten der einzelnen Filialen über ein konzernweites kennzifferngestütztes Reporting ermöglicht.

Die Schweizer UBS erhält aus seinem Business Intelligence-System prozessnahe Informationen über den Workflow der zahlreichen Arbeitsteams im Hause, und kann so die personelle Besetzung von Abteilung besser optimieren. (2)

Die Harmonisierung des Binnenmarktes in der Speditionsbranche ist jetzt bereits rund 15 Jahre alt. Trotzdem hat sich in vielen Speditionen noch kein umfassendes Controlling durchgesetzt. Einer Umfrage des Lehrstuhls für Verkehrssysteme und logistik der TU Dortmund zu folge haben 62 Prozent der Unternehmen bis 50 Mitarbeiter und immerhin auch ein Drittel der Unternehmen der Größenordnung 50 200 Mitarbeiter kein betriebsumfassendes Controlling etabliert. Die Notwendigkeit eines zielgerichteten Kennzahleneinsatzes ist vielen Unternehmen nicht bewusst. So ist in den Speditionsunternehmen weder eine regelmäßige und dauerhafte Kostenkontrolle möglich, noch die konsequente Suche nach Einsparpotenzialen, oder aber die Möglichkeit zur Leistungssteigerung. (3)

Weiterführende Literatur

(1) Spuck es aus!
aus Verkehrs Rundschau, Heft 27/2008, S. 28

(2) Business Intelligence (BI) soll Banken neue Potenziale erschließen Analysesoftware hilft Finanzvertrieb
aus Computer Zeitung, Heft 28, 2008, S. 13

(3) Ohne Controlling ist alles nichts
aus DVZ, Nr. BSPE vom 08.07.2008

(4) Katastrophen fordern Logistikmanager heraus
aus DVZ, Nr. BSPE vom 08.07.2008

(5) Guter Start ins Projekt: Vorkonfigurierte Business-Intelligence-Lösungen
aus is report, Heft 7-8/2008, S. 12-15

(6) Einführung einer PPS-Lösung: Ohne Datenharmonisierung keine Freude
aus is report, Heft 7-8/2008, S. 32-36

(7) Wie Business Intelligence das Handeln Öffentlicher Verwaltungen messbar und nachvollziehbar macht Mehr Sicherheit und Transparenz für politische Entscheidungen
aus eGovernment Computing Nr. 008 vom 21.07.2008 Seite 016

Impressum

Business Intelligence - Eine einheitliche Datenbasis und Analyseplattform wird für das Controlling unverzichtbar

Bibliografische Information der deutschen Nationalbibliothek

Die Deutsche Nationalbibliothek verzeichnet diese Publikation in der deutschen Nationalbibliografie; detaillierte bibliografische Daten sind im Internet über http://dnb.d-nb.de abrufbar.

ISBN: 978-3-7379-0061-4

© 2015 GBI-Genios Deutsche Wirtschaftsdatenbank GmbH, Freischützstraße 96, 81927 München, www.genios.de

Alle Rechte vorbehalten. Dieses Werk ist einschließlich aller seiner Teile – z.B. Texte, Tabellen und Grafiken - urheberrechtlich geschützt. Jede Verwertung außerhalb der Grenzen des Urheberrechtsgesetzes bedarf der vorherigen Zustimmung des Verlags. Dies gilt insbesondere auch für auszugsweise Nachdrucke, fotomechanische Vervielfältigungen (Fotokopie/Mikroskopie), Übersetzungen, Auswertungen durch Datenbanken oder ähnliche Einrichtungen und die Einspeicherung und Verarbeitung in elektronischen Systemen.